Angela Nanetti

Das Engelskarussell

Angela Nanetti

# *Das Engelskarussell*

Mit Bildern von Regine Tarara

Aus dem Italienischen von
Rosemarie Griebel-Kruip

PATMOS

Titel der italienischen Originalausgabe:
Angeli


Die Deutsche Bibliothek – CIP-Einheitsaufnahme

Nanetti, Angela:
Das Engelskarussell / Angela Nanetti. Mit Bildern von Regine Tarara.
Aus dem Ital. von Rosemarie Griebel-Kruip –
Düsseldorf: Patmos, 2001
Einheitssacht.: Angeli ‹dt.›
ISBN 3-491-37446-4

Nach der neuen Rechtschreibung


Einband und Innenillustrationen: Regine Tarara
Druck und Bindung: Druckerei Rasch, Bramsche
ISBN 3-491-37446-4
www.patmos.de

# *Inhalt*

# *Der ungehorsame Engel*

Als der Herr die Bären schuf, hatten sie ein braunes Fell. Einige waren dunkelbraun wie Kastanien, andere goldbraun wie reife Nüsse. Aber braun waren sie alle, daran gab es keinen Zweifel. Das war so, weil sie im Wald wohnten und weil der Herr, der die Farben liebte, das Grün für die Blätter der Bäume und die Gräser, das Blau für die Bäche und Seen, und die übrigen Farben – Gelb, Rot, Rosa, Orange, Violett – für die Blumen und Vögel gebraucht hatte. Am Ende blieb ihm nur noch eine große Menge Braun und so entschied der Herr, die Bären mit dieser Farbe auszustatten.

Wie es dazu kam, dass einige weiß wurden, ist eine Geschichte, die niemand kennt und die mit dem Ungehorsam eines Engels ihren Lauf nahm.

Es handelte sich um einen Schutzengel, einen ganz kleinen Engel, der so lebhaft war, dass sich nicht einmal der Herr erklären konnte, weshalb er so geraten war.

Manchmal fragte er sich, ob er vielleicht, als er ihn geschaffen hatte, ein bisschen müde gewesen war? Oder war es zu windig gewesen und die Wolke, die er benutzt hatte (die kleinen Engel sind nämlich aus Wolken gemacht), hatte sich in alle Richtungen bewegt?

Tatsache war jedenfalls, dass alle anderen Engel sich ruhig verhielten und ihre Aufgaben verrichteten, während der kleine Engel ständig Purzelbäume schlug, hochhüpfte und ununterbrochen durch die Gegend schwirrte. Nie gab er Ruhe!

Die anderen schauten ihn vorwurfsvoll an, aber sie wagten es nicht, etwas zu sagen, und der Herr ließ ihn seufzend gewähren, weil er so viel Fröhlichkeit ausstrahlte.

Eines Tages war der kleine Engel des Herumtobens müde und er ging zum Herrn.

»Warum kann ich nicht Schutzengel werden?«, fragte er.

»Das ist eine sehr anspruchsvolle Aufgabe und du bist zu lebhaft.«

»Ich werde ganz ruhig sein«, versprach der kleine Engel.

»Weißt du, du darfst dich nicht einen Augenblick entfernen!«

»Ich werde mich nicht entfernen.«

Der Herr schaute ihn nachdenklich an.

»Du willst es wirklich?«

Als Antwort schlug der kleine Engel mit den Flügeln und machte einen Purzelbaum.

»Also gut, ich erlaube es dir.« Und er schickte ihn als Schutzengel zu einem Jungen, der so lebhaft war wie der kleine Engel.

Zunächst benahm sich der kleine Engel ganz vorbildlich. Immer stand er hinter dem Kind und ließ es keinen Moment aus den Augen. Das Kind spielte und er schaute zu. Das Kind schlief und er wachte.
Der Herr beobachtete alles und lächelte zufrieden.
Aber mit der Zeit spürte der kleine Engel einen großen Bewegungsdrang. Er versuchte sich zusammenzureißen, aber je mehr er sich zusammenriss, desto größer wurde sein Wunsch. Er begann ganz sachte mit den Flügeln zu flattern, er hüpfte hoch, dann folgte ein Purzelbaum. Und eines Tages, nachdem er mit den Flügeln geschlagen hatte, hochgesprungen war und einen Salto gemacht hatte, flog er, ohne es zu bemerken, im Zimmer herum. Wie wunderbar. Er hatte gar nicht mehr gewusst, wie schön das war.
Das Fenster stand offen, das Kind schlief gerade und so flog er nach draußen. Es war ein sonniger und windiger Tag, wie er den Engeln gefällt, und der Engel vergaß sich im Grünen. Erst war er da, dann dort, schließlich entfernte er sich vom Haus und flog in den Wald.
In diesem Augenblick schaute der Herr, der gerade etwas zerstreut gewesen war, herunter. Er seufzte, machte ein ernstes Gesicht und sagte: »Ich hab's gewusst.«

Eine Handbewegung, nur eine einzige Handbewegung, und der kleine Engel stürzte auf die Erde, mitten auf eine Lichtung. Er hatte keine Flügel mehr und trug kein Engelsgewand mehr, er sah aus wie jedes Kind.

Er schaute nach oben, sah aber nichts außer Blau, Wolken und Sonne.

›Und was mach ich jetzt?‹, fragte er sich.

Er war an den Himmel gewöhnt und nun befand er sich in einem dichten Wald. Er war immer geflogen und nun musste er gehen. Und auch noch mit bloßen Füßen. Aber er war immer noch ein Engel und so verlor er nicht den Mut.

Er trat in den Wald und ging und ging. Immer wieder schaute er nach oben, sah aber nichts außer Blau, Wolken und Sonne. Der Herr musste sehr ärgerlich sein.

Er marschierte viele Tage lang, die Füße taten ihm weh und er fühlte sich furchtbar einsam, als er in einem stillen Tal auf einen Bären traf, der seine Mutter verloren hatte. Der kleine Bär war ganz verzweifelt und der Engel versuchte ihn zu trösten. Er nahm ihn in den Arm und streichelte ihn, bis der kleine Bär nicht mehr traurig war und friedlich einschlief. Und der Engel, der sehr müde war, schlief auch ein.

Von da an blieb der kleine Engel immer bei dem Bären. Er begleitete ihn durch Wälder und Wiesen, suchte Honig und Früchte, stieg mit ihm in Bäche, um sich zu erfrischen

und Fische zu fangen, und half ihm Fallen und Spuren von Feinden zu erkennen. Er passte auf ihn auf und war sein Freund.
So verging der Sommer.
In der Zwischenzeit war der Bär gewachsen. Er wurde immer größer und dicker und der Engel neben ihm wirkte immer kleiner. Aber er ließ das Tier keinen Moment im Stich.
Dann kam der Herbst. Die Bäume färbten sich bunt und verloren allmählich ihre Blätter. In der Nacht wurde der Himmel immer dunkler und tagsüber war die Sonne immer blasser.
Auch der Bär war nicht mehr der Alte: Er schleppte sich langsam vorwärts und erhob sich wie die Sonne am Morgen sehr mühsam.
Der kleine Engel, der von Bären nichts verstand, machte sich große Sorgen, aber er wusste nicht, was er tun sollte. Er schaute nach oben, sah nur Wolken, Blau und ein wenig Sonne.
Und eines schrecklichen Tages wachte der Bär nicht auf. Die Sonne schien nicht, es blies ein kalter Wind und der Bär blieb unbeweglich in seiner Höhle liegen. Der kleine Engel wartete lange; er nahm den Bären in den Arm, streichelte ihn, aber er bewegte sich nicht.
Da fühlte der kleine Engel einen nie gekannten Schmerz und er fing an zu weinen. Er weinte so sehr, dass die brau-

ne Farbe des Bärenfells immer heller wurde, immer farbloser und schließlich ganz weiß war.
Der Bär hatte seine Farbe verloren und der Engel alle seine Tränen.
Im selben Moment wuchsen ihm wieder seine Flügel. Er schaute nach oben und sah endlich nicht nur Wolken.
»Darf ich zurück?«, fragte er. Der Herr lächelte und der kleine Engel machte einen Purzelbaum und flog nach oben.
Der Bär schlief den ganzen Winter über, und als er erwachte, hatte er ein weißes Fell. Da beschloss er, dass die Wälder zu bunt für ihn waren, und er machte sich auf den Weg zu Schnee und Eis. Und dort blieb er.

# *Die Engelsfeder*

Einmal verlor ein Engel eine Feder. Das kommt sehr selten vor, so alle zweihundert bis dreihundert Jahre, aber es kommt vor. Der Engel flog gerade über einen abgelegenen See, dessen Wasser das Blau des Himmels noch übertraf. Um den See herum gab es nur Wälder und blühende Wiesen. Der Engel war ganz verzaubert von all der Schönheit und kam so tief herab, dass er das Wasser streifte. Dabei verlor er die Feder. Die Wellen kräuselten sich, und als der Engel wieder nach oben zum Himmel hinaufstieg, schwebte unten eine Feder. Niemand hatte den Engel gesehen, niemand sah die Feder. Es gab nur einen Lichtfleck, der wie reines Silber leuchtete und den das Wasser langsam ans Ufer trieb.

Die Zeit verging und dort, wo die Engelsfeder lag, begannen Blumen zu sprießen. Sie ragten aus dem Wasser, mit langen, schlanken Stängeln, die aussahen, als wären sie aus Kristall, und mit durchsichtigen, funkelnden Blättern.

Solche Blumen hatte man noch nie gesehen, aber dort, an dem einsamen See konnten sie ungestört wachsen. Hier war noch nie jemand gewesen, bis auf den Engel, der die Feder verloren hatte.
Eines Tages kamen ein Mann und eine Frau vorbei: Die Frau war jung und schön und der Mann liebte sie sehr. Das erkannte man daran, wie er sie anschaute. Sie mussten lange gelaufen sein, denn sie waren erschöpft. Sie ruhten sich am Ufer des Sees aus und entdeckten die Blumen. Der Mann machte Anstalten die Blumen zu pflücken, um sie der Frau zu schenken. Die beiden waren sehr arm und es war sein erstes Geschenk. Aber die Frau wollte das nicht. Diese Blumen dürfe man nicht pflücken, sagte sie. Sie seien zu schön. Es reiche, sie anzuschauen.
»Dann bleiben wir hier und bauen unser Haus. Und du wirst sie immer anschauen können«, sagte der Mann zu der Frau. Und sie war einverstanden.

Sie blieben da und er baute ihr ein Haus mit den Steinen aus dem See und dem Holz des Waldes. Er schmückte die Fenster mit grünen Zweigen und Beeren, und er baute ihr einen Backofen zum Brotbacken und einen Webstuhl zum Leinenweben. Für sich machte er einen Pflug.
»Jetzt fehlt es uns an nichts mehr«, sagte der Mann und die Frau nickte.
Der Waldboden jedoch war karg, er brachte Beeren und

Waldfrüchte hervor, das Korn aber war mager und kümmerlich und es gab nur wenig Leinen zu weben, da der Frost die Flachstriebe zerstörte.

Der erste Sohn wurde geboren und der Mann wollte der Frau gerne einen Edelstein schenken, so sehr liebte er sie, doch er hatte kaum Geld in der Tasche. Betrübt ging er zum Seeufer, um ihr wenigstens eine Blume zu pflücken. Aber in der Nacht war es sehr windig gewesen. Die Blütenblätter waren abgefallen und schwammen verstreut auf dem Wasser.

»Wenn das so ist«, sagte der Mann, »sammle ich sie ein und mache eine Blumengirlande daraus.«

Er kehrte ins Haus zurück, holte ein feinmaschiges Netz und begann die Blütenblätter herauszufischen. Er hatte schon einige zusammen, als er es am Boden des Netzes glitzern und funkeln sah. Er schaute nach und entdeckte einen kleinen Fisch. Der war anders als die Fische, die er schon so oft gefangen hatte. Er war aus wertvollem Metall, aus reinem Silber, und seine Schuppen glänzten wie Gold. Erstaunt und glücklich brachte der Mann den Fisch zu seiner Frau.

»Jetzt gehe ich in die Stadt und verkaufe ihn und dann bringe ich dir einen Edelstein in der Farbe deiner Augen.«

Aber die Frau wollte das nicht. Einen solchen Fisch dürfe man nicht verkaufen, sagte sie. Er sei zu schön. Es reiche, ihn anzuschauen.

Dieses Mal jedoch hörte der Mann nicht auf seine Frau. Er ging in die Stadt, um den Fisch zu verkaufen und einen Edelstein zu erstehen. Zufrieden kehrte er nach Hause zurück.

»Das ist mein Geschenk«, sagte der Mann, als er seiner Frau den Stein überreichte.

Aber sie lächelte nicht.

In der Stadt hatte sich indessen die Nachricht von dem silbernen Fisch verbreitet und bald darauf machten sich viele Leute auf den Weg zum See.

Sie warfen die unterschiedlichsten Netze aus und fingen alle möglichen Fische, aber keiner fand eine Flosse oder

auch nur eine Schuppe aus Silber. Trotzdem hörten sie nicht auf, sondern suchten immer weiter, bis der See leer gefischt, das Wasser trübe und die gebrochenen Stängel der Blumen von der Strömung weggetrieben worden waren und es keine Spur mehr von ihnen gab.
Die Frau dachte, dass es nun nie mehr Blumen am See geben würde, und sie war unendlich traurig. Sie nahm den Edelstein, der so viel Unglück über sie gebracht hatte, und warf ihn in den See. Der Mann sah es und sagte nichts, aber seit diesem Augenblick waren sie nicht mehr glücklich wie zuvor.

Der Sommer verging und der Winter kam, ein eiskalter, stürmischer Winter. Eines Nachts wachte ihr Kind auf und weinte. Um es zu trösten, fing die Mutter an zu singen. Ihr Gesang drang durch das geschlossene Fenster und wurde vom Wind weitergetragen. Da flog gerade ein Engel vorbei: Es war stockfinster, der Sturm blies und der Engel hatte sich verirrt. Als er diese sanfte, reine Stimme hörte, glaubte er, er wäre zu Hause. Er folgte dem Wind, flog hinunter zum See, und erst als er vor dem Fenster angekommen war, wurde ihm klar, dass er sich getäuscht hatte. Aber jener Gesang war so wunderschön, dass der Engel anhielt und zuhörte.
Die Frau sang lange, bis das Kind wieder eingeschlafen war, und der Engel stand die ganze Zeit am Fenster und

horchte. Dann schlug er leise mit den Flügeln und flog davon.

Vielleicht hat ihm der Wind in diesem Moment die Feder ausgezupft.

Am nächsten Morgen lag sie auf dem zugefrorenen See und funkelte wie reines Silber.

Keiner bemerkte es, sie dachten, es wäre ein Sonnenstrahl.

Im Frühjahr aber, als das Eis schmolz, stiegen kristallene Stängel aus dem Wasser, die bald Blüten ansetzten.

Der Mann und die Frau erfuhren nie von dem Engel, aber sie waren wieder glücklich.

# *Die Engelsglocke*

Einmal, als der Herr gerade die Sterne des Himmels bewunderte und sich zufrieden eingestand, wie gut sie ihm gelungen waren, fiel ihm etwas auf, was er noch nie bemerkt hatte: Es herrschte überall eine große Stille, eine wirklich totale Stille, eine unendliche Stille, die das ganze Universum von einem Ende bis zum anderen ausfüllte und geradezu Angst machte.

Die Sonne drehte sich, die Sterne kreisten, aber man hörte nicht das kleinste Geräusch, nicht einmal den leisesten Ton.

›Alles funktioniert perfekt‹, dachte der Herr, ›aber diese Stille? …‹ Und so beschloss er, umgehend etwas dagegen zu tun.

Er rief eine Schar Engel zu sich, diejenigen, die noch keinen bestimmten Auftrag hatten, und befahl ihnen zu musizieren.

Musizieren? Die Engel widersprachen nicht, das hätten sie

vor dem Herrn nie gewagt, aber sie wussten nicht, wie sie das anstellen sollten. Sie hatten doch nur ihre Flügel.
»Lasst mich nur machen«, sagte der Herr lächelnd und in null Komma nichts hatte er ein Strahlenbündel von der Sonne und ein weiteres vom Mond und den Sternen geholt und sich an die Arbeit gemacht. Er bog, fügte aneinander, setzte zusammen, blies auf und schon war eine Harfe entstanden, dann eine Geige, eine Trompete, eine Schellentrommel, eine Bratsche, kurz, er hatte für jeden Engel ein Instrument.
Und weil Engel keinen Unterricht brauchen, fingen sie sofort an zu spielen. Es war eine so schöne Musik, dass sogar die Sterne ganz verzaubert waren und fast stehen geblieben wären.
»Gut!«, sprach der Herr.
Doch kaum hatte er das gesagt, fragte ein dünnes Stimmchen: »Und ich?«
Es war ein kleiner Engel von der unbedeutenden Art, die der Herr aus Wolkenresten zusammengesetzt hatte.
»Das haben wir gleich!«, sagte der Herr und fertigte aus den Überbleibseln eines Mondstrahls eine kleine weiße Glocke. Als Klöppel nahm er einen Funken von der Sonne.
»Ding! Ding!«, machte das Glöckchen. Und der kleine Engel flog glücklich damit weg.
Aber es kam, wie es kommen musste. Der kleine Engel war ständig am Bimmeln und er kümmerte sich nicht darum, ob

sein Glockenton zu der übrigen Musik passte. Er flog überall mit seiner Glocke herum und ließ sie klingeln. Die Musikantenengel mit ihren Geigen und Harfen waren zunächst ganz geduldig, doch bald wurde es ihnen zu viel. Sie sagten nichts, dazu waren sie zu wohlerzogen, aber sie litten darunter, dass dieses ständige »Dingding« ihre Musik störte.

»Das muss ich ändern«, dachte der Herr, aber er wusste nicht, wie.

Es verging viel Zeit und die Engel begannen schon die Geduld zu verlieren, als der Herr endlich die Lösung fand.

Er sah auf der Erde ein verlassenes Dorf mitten in den Bergen. Die Häuser standen leer. Nur eine alte Frau war dageblieben und eine Katze, die ihr Gesellschaft leistete. Die Alte vertrieb sich die Zeit damit, in der Sonne zu sitzen und einen ganz langen Strumpf zu stricken. Am frühen Morgen aber und wenn die Dämmerung hereinbrach, ging sie aus dem Haus und läutete die Glocke, die über dem spitzen Dach der Kirche hing.

»Dong! Dong!«

Die Glocke tönte und ihr Klang war weithin zu hören. Doch eines Tages wurde die alte Frau krank.

»Nun geh schon«, sagte der Herr zu dem kleinen Engel.

Der Engel flog hinab, setzte sich auf das Kirchendach und begann zu klingeln: einmal mit der Kirchenglocke, einmal mit seinem Glöckchen.

»Ding! Dong! Ding! Dong!«

Dann starb die alte Frau und wurde auf dem Dorffriedhof begraben. Aber der Engel blieb bei ihr und er spielte weiter: »Dingdongdingdong!«

Seitdem klingen alle Glocken so. Man muss nur genau hinhören.

# *Der Schutzengel*

Ein Engel bewachte das Tor eines Gartens. Er war ein Wächterengel: ein kleiner Engel mit zerzausten Haaren, die aussahen wie Schaumspritzer, da der Wind aus den Bergen sie immer durcheinander wirbelte. Er hatte vergessen, wie lange er schon an diesem Ort war.

Früher hatte sich der Garten bis ins Tal hinuntergezogen. Wunderschöne Pflanzen wuchsen darin und es gab zahlreiche Brunnen. In der Mitte des Gartens stand ein Palast mit über hundert Gemächern. Er schien so groß wie ein ganzes Dorf und war so schön wie ein Kaiserpalast. Ein steinreicher Kaufmann, der sich in eine geheimnisvolle, weit entfernt lebende Prinzessin verliebt hatte und sie heiraten wollte, hatte ihn bauen lassen. Die Prinzessin hatte ihn abgewiesen und er war vor Gram gestorben.

So stand der Palast nun verlassen da und zerfiel allmählich zu einer steinernen Ruine. Die Brunnen waren ausgetrocknet und man sah nichts mehr von der einstigen Schönheit

des Gartens. Einzig die Ringmauer und das versteckte, von Schlingpflanzen überwucherte Tor, welches der Engel bewachte, waren übrig geblieben. Er wartete darauf, dass jemand zurückkehren würde, weil es ihm so gesagt worden war. Aber er wusste weder wann noch wer das sein sollte.
In der Zwischenzeit zerzauste der Wind weiterhin sein Haar und er knüpfte mit den Fäden eines Spinngewebes ein Netz, um sich die Langeweile zu vertreiben.
Bei Sonnenaufgang sammelte er die vom Tau glitzernden Fäden ein und flocht sie während des Tages: Engel sind sehr geduldig und sie haben schmale und feingliedrige Finger, und so wuchs das Netz immer weiter. Bald überzog es den ganzen Garten und der Engel wartete immer noch.
Die Zeit verging und im Tal entstand ein Dorf, dann noch eins und ein weiteres. Die Häuser reichten schon dicht an die Gartenmauer. Das Netz war fertig und der Engel wusste nicht mehr, was er tun sollte, um gegen die Langeweile anzukämpfen.
Ihm war aber gesagt worden, er solle warten, und so wartete er.
Und eines Tages kam ein Wanderzirkus; es war kein großer Zirkus, es gab nur zwei Affen, einen Papagei, zwei dressierte Hunde, einen Feuerschlucker und eine fliegende Akrobatin.

»Sie ist leicht wie eine Libelle!«, schrie ein dicker Mann vor dem Zirkuswagen. Es folgte ein Trommelwirbel.
»Sie hat Flügel wie ein Engel!« Wieder ein Trommelwirbel.
»Und sie fliegt wie ein Engel!« Ein weiterer Trommelwirbel.
Als der kleine Engel das hörte, schaute er etwas genauer hin: Neben dem dicken Mann sah er ein braunhaariges Mädchen mit einem blauen, schon etwas verblichenen Gewand aus dünnem, durchsichtigem Stoff und zwei an den Schulterblättern angebrachten Pappflügeln. Er sah auch, dass das Mädchen so zart war wie eine Libelle und dass es im Abendwind zitterte. Der Engel dachte, das sei wegen der Kälte.
Unterdessen hatte die Trommel viele Leute herbeigelockt und der Mann lud das Publikum ein, auf den Bänken Platz

zu nehmen. Die Vorstellung würde gleich beginnen. Alle setzten sich hin, wie es sich gehörte: vorne die Kinder, die von den Affen und dem Papagei fasziniert waren, hinten die Erwachsenen. Und der kleine Engel, der noch nie einen Zirkus gesehen hatte, verließ das Gartentor und setzte sich auch in die erste Reihe, direkt vor das Mädchen.

Die Vorstellung begann mit den dressierten Hunden, die jedes Mal, wenn der Dompteur mit der Peitsche knallte, Luftsprünge und Saltos vorführten. Die knotige Peitsche zischte dabei wie eine in der Luft auf- und abschnellende Schlange auf Beutesuche. Dann waren die Affen dran, die auf den Händen liefen und jonglierten, anschließend der dressierte Papagei, und endlich hörte man nach einem Trommelwirbel die Ansage:

»Und nun die große Sensation, etwas, was Sie noch nie gesehen haben: ein fliegender Engel!«

Der kleine Engel stand auf. Verwundert schaute er sich um. ›Vielleicht bin ich nicht mehr unsichtbar?‹, fragte er sich einen Moment lang.

Aber plötzlich wurde ihm klar, dass die Zuschauer nicht ihn anschauten, sondern ganz gebannt das Mädchen anstarrten. Nach einem Peitschenknall war sie auf eine kleine Plattform hoch oben an einem Mast geklettert und nun stand sie mit geöffneten Armen dort oben und schaute ins Leere. Sie erschauderte und der Engel verstand, dass sie nicht vor Kälte, sondern vor Angst zitterte. Wieder fuhr die

Peitsche durch die Luft, das Mädchen zuckte zusammen und schloss die Augen. Im selben Augenblick wusste der Engel: Sie war es, auf die er so lange gewartet hatte.
Er fasste sie am Zipfel ihres Kleides, erwischte sie gerade noch am Saum und folgte ihr. Das Mädchen stürzte sich in die Tiefe, überschlug sich einmal und landete leicht wie eine Libelle mit ausgebreiteten Armen, wie ein Engel im Flug, in den Armen des Mannes.
Das Mädchen hatte dieses Kunststück zum ersten Mal vorgeführt und es war ein großer Erfolg. Das Publikum schrie vor Begeisterung, die Hunde bellten vor Freude, die Affen führten Kunststücke auf und das Mädchen lachte jetzt und verbeugte sich vor dem Publikum. Es war glücklich.
Der Engel hinter ihr hielt sie immer noch am Kleid fest, aber alle glaubten, das wäre der Wind.
Als der Zirkus weiterzog – die Affen, die Hunde, der Papagei, der Feuerschlucker und das Mädchen – verließ der Engel das Gartentor und ging auch mit. Er wurde ihr Schutzengel und ich glaube, er war der erste.

# *Die zwei Engel*

In einem großen Museum mit vielen Gemälden und zahlreichen Besuchern gab es einen kleinen Saal, in den fast nie jemand hineinging. Er befand sich am Ende einer langen Galerie, in der die Porträts von berühmten Persönlichkeiten aufgehängt waren: adelige Damen mit gewaltigen Spitzenkrägen und ebenso gewaltigem Doppelkinn und Ritter, die bis zum Schnurrbart in ihren Rüstungen steckten.

Aber kaum einer mochte diese Personen betrachten. Normalerweise schauten die Besucher kurz auf die ernsten Gesichter, rümpften die Nase und gingen weiter. So gut wie nie betrat jemand den kleinen Saal am Ende der Galerie und diejenigen, die sich dorthin verirrten, nachdem sie bereits das ganze Museum besichtigt hatten, hatten entweder geschwollene Füße oder großen Hunger.

Kaum hatten sie einen Blick in den Raum geworfen, riefen sie hastig: »Schön, schön!«, und gingen wieder hinaus.

Und die Gemälde, die Jahr um Jahr in diesem kleinen Saal hingen, langweilten sich zu Tode. Auf einem dieser Gemälde sah man das Jesuskind, das auf dem Schoß der Muttergottes eingeschlafen war. Ein kleiner Engel stand daneben und betrachtete es. Die Muttergottes war jung und schön und der kleine Engel neben ihr war blond, rosig und sehr geduldig. Er hatte seinen rechten Arm auf das Knie der Muttergottes gelegt, lehnte an ihrem Bein und schaute das schlafende Kind an. Aber von Zeit zu Zeit, vielleicht, weil er es schon so lange anschaute, gähnte er verstohlen.

Eines Tages passierte etwas Außergewöhnliches: Ein Mann, eine Frau und ein kleiner Junge besuchten die Galerie. Der Mann und die Frau waren die Eltern des Jungen und sie waren mit der Absicht ins Museum gekommen, die Porträts der besagten Galerie anzuschauen, da sie sich mit den dargestellten Personen von Berufs wegen schon viel beschäftigt hatten und nun endlich wissen wollten, wie sie aussahen.

Der Junge hieß Ubaldo, wie einer der Ritter in der Rüstung: Er war blond, rosig und sehr, sehr ungeduldig. Ja, er war das unruhigste und anstrengendste Kind, das man sich vorstellen kann. Seine Eltern waren zwei berühmte Wissenschaftler, die den ganzen Tag über in ihre Bücher vergraben waren. Außerdem waren sie kurzsichtig wie Maulwürfe und Ubaldo musste immer laut schreien oder etwas anstellen, damit sie ihn überhaupt wahrnahmen.

Und auch an diesem Tag versanken Herr und Frau Professor Polidoro Caldara Vecellio Papes Mosena (berühmte Wissenschaftler haben immer lange Namen), kaum, dass sie in der Galerie angekommen waren, in die Betrachtung des ersten Gemäldes. Nachdem sie ihren Sohn noch gebeten hatten brav zu sein, hatten sie ihn auch schon vergessen. Ubaldo konnte wie immer herumrennen, wo er wollte. Zuerst beäugte er einige Porträts, schnitt einer mit Juwelen behängten Dame und einem als Krieger verkleideten kleinen Mann, die ihn beide keines Blickes würdigten, eine Grimasse. Dann bohrte er ausgiebig in der Nase, gähnte lautstark, warf mit Schimpfwörtern um sich. (»Ubaldo, sei schön brav!«, sagte seine Mutter.)
Da ihm nichts anderes mehr einfiel, lief er in den kleinen Saal am Ende der Galerie. Auch hier nur Bilder, nichts als Bilder! Und weil er irgendetwas machen wollte, lief er kopfüber auf seinen Händen im Saal hin und her; nur, um sich irgendwie zu beschäftigen.
Kaum hatte er damit angefangen, als er jemanden lachen hörte. Er hielt mit einem Ruck an, stellte sich auf die Füße, drehte sich um, sah aber niemanden. Er stellte sich noch einmal auf die Hände und hörte wieder das Lachen. Daraufhin rannte er in die Galerie, aber auch hier war niemand. Nur seine Eltern klebten nahezu mit ihren Nasen an einem Gemälde. Er ging in den kleinen Saal zurück und probierte es noch einmal. Wieder ertönte das Lachen.

Es war ein ganz leises Lachen, es klang wie ein Glöckchen, eine Kinderstimme. Ubaldo richtete sich erneut auf.
»Wo bist du?«, fragte er.
»Hier bin ich!«
Die Stimme kam aus einer schwach beleuchteten Ecke. Ubaldo ging darauf zu und sah den kleinen lachenden Engel auf dem Bild.
»Warum lachst du?«
»So habe ich noch nie jemanden gehen sehen.«
»Soll ich es noch mal vorführen?«
Der kleine Engel nickte und Ubaldo wiederholte seine Darbietung. Wieder lachte der Engel.
»Das macht sicher Spaß«, sagte er. »Das würde ich auch gerne versuchen.«
»Und ich würde gerne mal deine Flügel ausprobieren«, sagte Ubaldo. »Sollen wir tauschen?«
»Du hier oben und ich da unten?«
Der kleine Engel war sich unsicher. Seit man ihn hierhin gestellt hatte, hatte er sich nie bewegt. Nicht mal den kleinen Finger. Sollte er wirklich?
»Komm schon!«, ermunterte ihn Ubaldo, »nur fünf Minuten. Ich nehme deine Flügel und du ziehst meine Kleider an: Keiner wird etwas merken.«
Was war schon Schlimmes daran? Nur fünf Minuten hatte das Kind gesagt. Also entschloss sich der Engel es zu wagen. Vorsichtig hob er seinen Arm hoch, löste sich ganz,

ganz sachte von der Seite der Muttergottes, drehte sich um (er schaute dabei weder das Jesuskind noch die Muttergottes an), setzte zu einem kleinen Flug an und landete neben Ubaldo.

Es war unglaublich. Die beiden Kinder sahen sich zum Verwechseln ähnlich: die gleichen blonden Haare, die gleichen Augen, die gleiche Gesichtsfarbe. Und dabei waren sie so verschieden.

»Schnell, gib mir deine Flügel«, verlangte Ubaldo.

»Du musst zuerst deine Kleider ausziehen!«

»Meine Kleider? Ich bin doch nicht verrückt.«

»Mit den Kleidern bist du zu schwer und kannst nicht fliegen.«

Unwillig zog Ubaldo sich aus, während der kleine Engel, der den Fußboden nicht berührte, weil er zu leicht war, Ubaldos Kleider überstreifte und zum ersten Mal in seinem Leben einen Fuß auf die Erde setzte.

»Jetzt gib mir die Flügel!«

Der Engel nahm die Flügel ab, reichte sie Ubaldo und zeigte ihm, wie er damit umgehen musste.

»Aber du musst zu ihnen hoch. Sie sollen nicht alleine bleiben.«

»Da hinein? Ich bin doch nicht blöd! Oh wie schön! Ich fliege! Ich fliege! Bahn frei!«

Und Ubaldo begann im ganzen Saal umherzufliegen, stieß dabei an die Wände und an die Gemälde.

»Du musst hinein, nur für fünf Minuten«, wiederholte der kleine Engel liebenswürdig. »Du hast es versprochen.«
Ubaldo hörte nicht auf ihn.
»Ich fliege! Hurra, Baaahn frei!«
Er flog hoch und runter, schlug immer verrücktere Kapriolen. Der Engel wiederholte seine Aufforderung, aber als ihm klar wurde, dass Ubaldo ihm niemals gehorchen würde, hob er einen rosigen zarten Finger und richtete ihn auf Ubaldo. Im selben Augenblick befand sich Ubaldo im Gemälde: Sein rechter Arm lag auf dem Knie der Muttergottes, mit der Seite lehnte er an ihrem Bein und betrachtete das schlafende Jesuskind. Er sah aus wie gemalt.
»Versprechen muss man halten!«, sagte der kleine Engel und beugte sich nach unten, um auf den Händen zu gehen. Beim ersten Mal fiel er um, beim zweiten Mal ebenfalls, doch beim dritten Anlauf klappte es.
»Hurra, ich gehe! Baaaahn frei!«
Während er in dem Saal auf und ab ging, kamen Ubaldos Eltern herein, die mit ihrer Besichtigung der Porträts am Ende waren. Sie sahen den kleinen Engel und hielten ihn für ihren Sohn.
»Warst du brav, Ubaldo? Hast du dich gut unterhalten? Lass uns gehen. Es ist schon spät.«
Der kleine Engel, gehorsam wie er war, richtete sich auf, wagte nicht zu widersprechen und folgte ihnen. Von diesem Tag an lebte er bei ihnen.

Zerstreut und immer kurzsichtiger ahnten Herr und Frau Professor Polidoro Caldara Vecellio Papes Mosena nichts von dem Tausch. Nur einmal, als jemand ihr artiges Kind lobte und sagte: »Wie ein kleiner Engel!«, sahen sie sich besorgt an und der eine sagte zum anderen:
»Findest du nicht auch, dass Ubaldo sich verändert hat?«
»Ich wüsste nicht. Er war doch schon immer brav wie ein Engel!«
Und dabei blieb es.

Weder die Museumsbesucher noch die Studenten, die das Gemälde untersuchten, stellten jemals eine Veränderung fest. Da waren die Muttergottes, das Jesuskind und der blonde, rosige und geduldige Engel, der das schlafende Kind anschaute.
Und nie bemerkte jemand, wie der Engel sich abwendete und eine Grimasse schnitt, sobald die Besucher sich umgedreht hatten.

# *Das Engelskarussell*

In einer sehr großen Stadt verirrte sich einmal ein Mädchen.
Es geschah an einem Frühlingsnachmittag. Das Mädchen war sieben Jahre alt und es war nett und mehr oder weniger brav wie alle Kinder. Aber es war auch sehr neugierig. Mit seiner Mutter ging es eine ziemlich belebte Straße entlang. Die Mutter blieb vor einem Schaufenster stehen, das Kind blieb vor einem Clown stehen, der Trompete spielte.
»Du rührst dich nicht von der Stelle!«, sagte die Mutter zu dem Mädchen.
Als der Clown zu spielen aufhörte, trat ein Fakir mit einer Flöte auf, zu deren Tönen sich eine Schlange hin- und herbewegte. Die Schlange war aus Gummi und der Fakir trug einen falschen Bart. Das Mädchen bemerkte es und rief mit lauter Stimme: »Deine Schlange ist nicht echt!«
»Verschwinde!«, brüllte der Fakir und rollte mit den Augen.
Da rannte das Mädchen weg.

Und dann verirrte es sich. Als die Mutter sich umdrehte, war das Kind nicht mehr da, und als das Kind sich umdrehte, war die Mutter nicht mehr da. Genau so ist es gewesen, in den Großstädten passiert so etwas fast jeden Tag.
Die Mutter machte sich sofort große Sorgen, das Mädchen dagegen lief neugierig weiter. Es war ein sonniger und warmer Nachmittag, viele Leute waren unterwegs und das Kind hatte keine Angst.
Tagsüber ist eine Stadt wie ein Zauberwald, sie ist voller Überraschungen. Das Kind kaufte sich ein Vanilleeis und ging in ein Spielzeuggeschäft, es freute sich über die Plüschtiere und die sprechenden Puppen. Dann ging es wieder hinaus und folgte einer Musikkapelle, die einen Militärmarsch spielte. Schließlich betrat es ein großes Kaufhaus, fuhr ein paar Mal mit der Rolltreppe hoch und runter und probierte Hüte auf. Es verließ das Kaufhaus wieder und schaute einem Verkäufer zu, der Glückslose anbot, und einem anderen, der Papageien verkaufte, ... und so weiter und so fort.
Am Tag war die Stadt einfach wunderbar. Das Kind lief immer weiter und die Zeit schien stehen zu bleiben. Es war wie im Märchen. Und deshalb achtete das Mädchen auch nicht darauf, dass es bereits dämmerte, und als es dunkel geworden war und als es schließlich merkte, dass es schon Abend war, war der Zauberwald verschwunden und die Stadt war nicht mehr dieselbe.

Plötzlich hatte sich alles verändert: Zunächst war noch alles beleuchtet, die Schaufenster strahlten hell, dann füllten sich die Straßen mit Menschen, die es sehr eilig hatten, keiner beachtete den anderen, kein Wort wurde gewechselt. Sie schlüpften in die Tunnel der U-Bahn und verschwanden darin wie Ameisen.

»Hast du dich verirrt?«, fragte jemand und ging einfach weiter.

Das Kind war ganz allein. Es fing an zu laufen, ohne zu wissen wohin. Währenddessen war der Himmel ganz schwarz geworden und die Stadt wirkte wie ein finsterer Wald.

In der Nacht besteht eine Stadt nur aus leeren Straßen, die nirgendwo hinführen, es gibt düstere Winkel, namenlose Häuser und unheimliche Geräusche, dumpfe, erstickte Stimmen, heulende Sirenen, miauende Katzen und dann wieder Stille. In der Nacht ist die Stadt wie ein Wald voller Wölfe, die kleine Kinder verschlingen. Das Kind wusste das und rannte weiter; es rannte und weinte, war verzweifelt. Keiner hörte es. Aus einer halb dunklen Straße tauchte ein schwankender alter Mann mit nur einem Auge auf. ›Das ist sicher ein Pirat‹, dachte das Kind und lief weiter. Es kam zu einem Platz und erspähte unter einer Straßenlaterne Gestalten, die wie Gespenster aussahen. Eine Katze kam aus dem Dunkel und jagte sie weg. Ihre Augen glühten feurig, wie die einer Hexe. Aus einem halb offenen Tor ertönte eine hohle Stimme. Wer war das, ein Menschenfresser? Von einer Bank streckte sich ihr eine Hand entgegen, wollte sie festhalten. Eine Sirene heulte und das Blut gefror ihr in den Adern. Das Mädchen rannte weiter, aber wohin?

Eine dunkle Nacht ist lang. Die Zeit scheint nicht vorwärts zu gehen. Und es gibt keine Freunde. Aus der Dunkelheit scheinen Ungeheuer zu kommen, man darf nicht stehen bleiben. Das Kind war so müde, dass es nicht einmal mehr weinen konnte. Und da hörte es ganz plötzlich eine Melodie, eine zarte, langsame Weise, die aus einer Ecke in der Nähe kam.

›Was wird das sein?‹, fragte sich das Mädchen und ging darauf zu.

Es gelangte zu einem kleinen quadratischen Platz, der zwischen alten Häusern mit bunten Fensterläden lag. In der Mitte des Platzes stand, von einer einzigen Laterne beleuchtet, ein Karussell. Das Karussell war aus Holz. Weiße Pferde zogen eine Kutsche und blaue Engel hielten die Zügel. Das Karussell war leer und drehte sich ganz, ganz langsam. Die Engel hatten den Kopf etwas zur Seite geneigt, drehten sich im Kreis und riefen nach dem Kind.

Das Mädchen stieg auf das Karussell und verlor jede Angst. Es setzte sich in die Kutsche und schlief ein. Die Engel wachten.

Am nächsten Morgen fand es die Mutter. Es schlief noch

immer. Sie hob es hoch, umarmte es fest und das Kind schlief einfach weiter. Es glaubte, alles wäre ein Traum.
Ein Karussell wie dieses gibt es heutzutage kaum noch. Und deshalb werden Kinder, die sich in einer Großstadt verirren, oft nicht mehr wieder gefunden.

# *Der steinerne Engel*

Ein Kind hatte einst einen ganz wundervoll singenden Vogel mit bunten Federn als Geschenk bekommen. Es war ein sehr kostbarer Vogel, und damit er nicht wegflog, hatte man ihn in einen goldenen Käfig gesetzt und diesen an einem Fenster aufgehängt.

Das Kind war krank. Es konnte nicht laufen und verbrachte viele Stunden vor jenem Fenster. Es hörte dem Vogelgesang zu und schaute nach draußen. Dort war der Marktplatz der Stadt, umgeben von vornehmen und edlen Palästen. In der Mitte des Platzes erhob sich das Denkmal eines Feldherrn auf einem Pferd. Er machte den Eindruck, als wolle er gleich losreiten, und rührte sich doch nicht von der Stelle.

Direkt gegenüber stand die Kathedrale.

Sie war groß, alt und aus rosafarbenen Steinen erbaut. Bei Sonnenuntergang leuchtete sie wie Feuer. An ihrer Fassade hatte sie ein rundes Fenster, eine weiße und wertvolle Ro-

sette. Über der Rosette, auf einem kleinen Steinpodest, stand ein Engel.
Es war kein schöner Engel, keiner von denen, die einen verzaubern. Es war vielmehr ein merkwürdiger und etwas heruntergekommener Engel aus grauem, schmutzigem Stein, ohne Flügel und mit einem abgeschlagenen Finger. Eigentlich sah er gar nicht aus wie ein Engel und mancher fragte sich, was das überhaupt sei. Aber er lächelte auf eine ganz bestimmte Art und war sicher ein Engel. Engel erkennt man nämlich nicht an den Flügeln oder an ihrem Gewand, auch nicht an ihrem Leuchten, besonders heute, wo alles beleuchtet ist. Engel erkennt man vielmehr an ihrem Lächeln. Das Lächeln der Engel ist nicht wie das Lächeln der Menschen. Es hält länger an und ist dennoch verhalten, ähnlich dem Lächeln von schlafenden Kindern. Engel lächeln immer, auch die aus Stein, aber kaum jemand bemerkt es.
Nur das Kind, das stundenlang am Fenster saß, hatte das Lächeln des Engels ohne Flügel und ohne Finger gesehen, aber es wusste nicht, dass es ein Engel war. Es hatte noch nie von Engeln gehört.
Eines Tages stand der Käfig, in dem der kleine Vogel eingeschlossen war, durch eine Unachtsamkeit offen und der Vogel flog davon. Er überquerte den Platz, setzte sich auf die Reiterstatue und dann flog er in Richtung Kathedrale weiter, umkreiste die Rosette und ließ sich auf dem Engel

nieder. Das Kind schrie, hatte noch vergeblich versucht ihn festzuhalten.

Es sah die bunten Federn immer dunkler werden, je weiter sich der Vogel entfernte, und es war ganz verzweifelt. Keiner konnte es trösten.

Es wurde Abend und das Kind wollte nicht vom Fenster weg.

Bei Sonnenuntergang erglühte die Kathedrale rot wie immer und der weiße Marmor der Rosette glitzerte. Der kleine Vogel auf der Statue wurde zu einem grauen, formlosen Punkt. Dann brach die Nacht herein und alles verschwamm im Dunkeln. Die Straßenlaternen gingen an

und auf dem Platz versprach die Reiterstatue wieder einmal den stets verschobenen Aufbruch.
Auch die Kathedrale versank im Dunkeln, aber das Kind blieb weiter am Fenster. Es blieb die ganze Nacht wach und keiner konnte es überreden schlafen zu gehen. Erst im Morgengrauen siegte die Müdigkeit und das Kind schlief ein.
Als es erwachte, war schon lange Tag, der Platz lag im hellen Morgenlicht, der Reiter stand wie immer unbeweglich und im goldenen Käfig saß wie immer der kleine Vogel. Nur der Engel auf dem Steinpodest an der Kathedrale fehlte. Niemand wusste, wo diese graue, verstümmelte Statue hingekommen war, und wie sehr man auch suchte, man fand nichts. Nur das Kind wusste, was passiert war, denn es hatte im Traum gesehen, wie der Engel darauf verzichtet hatte, ein Engel zu sein, und jetzt ein Vogel war und im Käfig sang.
Als das Kind wieder gesund war, öffnete es den Käfig und gab dem Gefangenen die Freiheit zurück; dann ging es mit seinen Freunden spielen. Und da stand die Engelsstatue plötzlich wieder auf dem Podest der Kathedrale, mit ihrem abgebrochenen Finger und dem geheimnisvollen Lächeln und sie schaute auf die Kinder, die auf dem Platz Fangen spielten, und zu dem Feldherrn, der wie immer so tat, als wollte er losreiten, und dabei ganz still stand.

# *Der Engel, der nicht schlafen konnte*

Manchmal schläft der liebe Gott ein. Nicht jeden Abend wie wir, aber ab und zu passiert es auch ihm. Er streckt sich auf einer Wolke aus und schläft.

Natürlich hat das noch nie jemand gesehen, aber man braucht sich nur den Himmel anzuschauen, um es zu ahnen. Wenn ihr überhaupt keinen Stern seht, wenn der Mond sehr schnell untergeht oder ganz verschwunden ist, wenn die Nacht so dunkel ist wie ein schwarzer Tintenfleck, wenn es ganz windstill ist und sich nichts rührt, wenn alles unbeweglich und finster ist, bedeutet das, dass der liebe Gott schläft.

Glücklicherweise passiert das nicht häufig. Es ist nämlich so: Wenn er schläft, dann schlafen alle anderen im Himmel auch, um ihn nicht zu stören. Sogar die Engel. Auf der Erde sind die Menschen schlecht gelaunt und die Tiere sind wilder als sonst. Aber der Schlaf des Herrn ist so kurz wie ein Blinzeln, ein Lidschlag und schon ist er wach.

Wie gesagt, wenn der Herr schläft, schlafen auch die Engel. Die, die musizieren, halten mit hoch erhobenen Instrumenten inne, die Posaune am Mund, den Bogen auf der Geige. Die Botenengel bleiben in der Luft stehen und die Sänger der Lobeshymnen verharren mit offenem Mund. Am besten haben es die Schutzengel der kleinen Kinder: Wenn alles schläft, legen auch sie ihren Kopf auf das Kopfkissen oder auf die Schulter der Kinder. Und die Kinder lächeln im Schlaf oder sie seufzen, denn sie fühlen sich sehr wohl.

Da war aber ein Engel, der nicht einschlafen konnte. Es war einer der Engel, die um das Haupt des Herrn schweben, um ihm als Strahlenkranz zu dienen. Das sind ganz winzig kleine leichte Engel mit Flügeln aus reinem Gold. Wenn der Herr einschläft, stecken diese Engel den Kopf unter einen Flügel und schlafen in der Stellung. Besonders bequem ist das nicht. Vielleicht konnte der kleine Engel deshalb nicht schlafen?

Der wahre Grund war aber ein anderer: Wenn er seinen Kopf unter den Flügel steckte, kitzelten ihn die goldenen Federn derart, dass er lachen musste.

Da der Herr auf der Wolke schlief und der ganze Himmel eingeschlafen war und eine so tiefe Stille herrschte, wie man es sich gar nicht vorstellen kann, hielt sich der kleine Engel verzweifelt die Nase zu, damit er nicht loslachte. Furchtbar anstrengend war das!

Einmal schaffte er es aber nicht. Die Federn schienen es absichtlich darauf anzulegen, sie kitzelten ihn am Nacken, streichelten ihn an den Ohren, berührten seine Nasenspitze. Der kleine Engel presste die Nasenflügel zusammen, ganz stark, noch stärker. Das Lachen in ihm wuchs und wuchs. Es saß ihm schon in der Kehle. Bevor etwas Ungehöriges passierte, befreite der Engel seinen Kopf, machte einen Salto rückwärts und ließ sich ins Leere fallen. Gerade noch rechtzeitig!
Während er nach unten stürzte, brach das Lachen aus ihm heraus und dauerte an, solange er fiel. Das hörte ein Mann, der hinter einem Fenster im oberen Stockwerk eines großen Hauses stand. Es war tiefe Nacht und dieser Mensch fand keine Ruhe. Er meinte allein auf der Welt zu sein, niemandem nützlich. Er dachte daran, wie sinnlos sein Leben sei. In diesem Augenblick flog der Engel an ihm vorbei und er hörte sein Lachen.
Aber das Licht konnte er nicht sehen. Das Licht sah eine Gazelle, die in der afrikanischen Savanne gerade zu einem Wasserloch unterwegs war, um ihren Durst zu stillen. Es war stockdunkel und die Gazelle verging fast vor Durst. Sie wollte eben aus dem Wasserloch trinken, als das Licht sie traf. Schnell rannte sie weg.
Nur diese beiden hatten den Engel wahrgenommen: der Mann und die Gazelle. Der Mann hörte das Lachen des Engels und fühlte sich plötzlich getröstet; die Gazelle sah

das Licht und rannte dem Löwen davon, der sich gerade auf sie stürzen wollte.
Die anderen, die in dieser Nacht in den Himmel schauten, sahen einen leuchtenden Punkt und dachten, es sei eine Sternschnuppe.

Als alles Lachen aus seiner Brust gewichen war, flog der kleine Engel schnell nach oben und im nächsten Augenblick war er schon wieder im Strahlenkranz des Herrn. Er steckte den Kopf unter den Flügel und stellte sich schlafend. Und der Herr, der alles bemerkt hatte, stellte sich ebenfalls schlafend.

# *Der neugierige Engel*

Engel träumen nicht. Sie schlafen zwar manchmal, das Haupt unter die Flügel gesteckt wie die Vögel, aber sie können nicht träumen.
Nur Menschen träumen und die Engel wachen über sie. Sie sehen, wie die Menschen die Augen schließen, wie sie ganz unterschiedlich atmen, wie sie schnarchen, sich umdrehen, auch mal lachen. Sie fragen nicht nach dem Grund. Engel sind nicht neugierig und sie wünschen sich nichts, da sie schon alles haben.
Ein Engel aber war anders als die anderen.
Er stand am Kopfkissen eines Kindes und bewachte seinen Schlaf, wie viele andere Engel auch. Jeden Morgen wachte das Kind gut gelaunt auf und sagte zu seiner Mutter:
»Mama, heute Nacht habe ich etwas Wunderschönes geträumt!«
»Was hast du denn geträumt?«
Und das Kind fing an zu erzählen.

Morgen für Morgen hörte der Engel, wie das Kind seine Träume erzählte, als wären es herrliche Geschichten. Und wenn er dem Kind am Abend zusah, wie es sich niederlegte und die Augen schloss, konnte er nicht umhin sich zu fragen, was es wohl in dieser Nacht träumen würde. Kurz und gut, der Engel wurde von Tag zu Tag neugieriger. Aber das ist nicht gut für einen Engel.

Eines Nachts konnte er der Versuchung nicht widerstehen und beschloss, sich den Traum des Kindes anzuschauen. Das, was er sah, gefiel ihm so sehr, dass er in der nächsten Nacht wieder hineinschaute. Und in der darauf folgenden und der danach auch. Die Träume des Kindes waren voller Bewegung und bunter Farben. Es gab Tiere, die ihre Gestalt wechselten, merkwürdige Maschinen und eigenartige Menschen. Es waren lustige Träume und alles lief ganz schnell ab. So etwas hatte der Engel noch nie gesehen. Er war begeistert. Im Grunde war es für ihn wie Kino oder Fernsehen. Und es wäre nichts Schlimmes dabei gewesen, wenn er sich damit begnügt hätte. Aber mit der Zeit stieg seine Neugier ins Unermessliche.

Er schaute sich um und fragte sich, was wohl die anderen Hausbewohner träumten, und dieser Gedanke ließ ihm keine Ruhe.

Und so verließ er eines Tages das Kopfkissen des Kindes, um einen Blick in die Träume der Mutter zu werfen, dann in die des Vaters. Als er zurückkam, sah er auf dem Sessel

zusammengerollt die Katze liegen und schlafen. ›Träumt sie auch?‹, fragte er sich.
Erstaunt stellte er fest, dass auch die Katze träumte, außerdem der Hund, der Kanarienvogel und sogar der Goldfisch im Aquarium. In diesem Haus träumten alle – außer ihm!
Als sich der Engel dessen bewusst wurde, war er unglücklich. Warum hatte er nicht auch einen kleinen Traum? Warum?
Dieser Gedanke begann ihn zu quälen, und wenn er jetzt in die Träume des Kindes hineinschaute, amüsierte er sich nicht wie früher darüber, sondern empfand, oh weh! Neid!
Und in einer Nacht tat er es dann: Während das Kind schlief, packte er, schnell wie ein Dieb, ein kleines Teilchen von seinem Traum und versteckte es unter seinem Flügel. Es passierte nichts. Das Kind wachte nur auf und rief nach seiner Mutter.
»Hast du etwas Böses geträumt?«, fragte sie.
»Nein, aber der Traum hörte so plötzlich auf!«
Das Kind war verwirrt.
In der folgenden Nacht stahl der Engel ein Stückchen aus einem anderen Traum und das Kind wachte wieder auf.
Und so ging das viele Nächte lang, bis das Kind nicht mehr schlafen konnte. Ein Arzt wurde gerufen, der das Kind von Kopf bis Fuß untersuchte und nichts Außergewöhnliches feststellte. Das Kind aber fand keine Ruhe.

Der Engel, der nun bereits eine ganze Sammlung von gestohlenen Träumen unter seinen Flügeln verstaut hatte und es gar nicht abwarten konnte, auch zu träumen, war inzwischen auf das Hausdach geflogen, lehnte sich dort an den Kamin und überließ sich dem Traum. Er dachte, es wäre nur ein kurzer Moment, so wie der Schlaf der Engel, nicht wie bei Kindern, die stundenlang schlafen. Aber weil er die unterschiedlichen Traumteile alle miteinander vermischt hatte, hatte er sehr durcheinander geratene und anstrengende Träume, die nicht erholsam waren und ihm nicht gefielen.

Als er endlich müde und erschöpft und mit starken Kopfschmerzen wieder aufwachte, war es bereits lange Nacht. Er schämte sich für all die verlorenen Stunden, schwor sich, nie mehr in einen Traum zu schauen, und flog zum Kopfkissen des Kindes zurück.

Aber das Kissen war bereits von einem anderen Engel besetzt, der ihn keines Blickes würdigte. Der Engel begriff, dass es hier für ihn keinen Platz mehr gab.

Von diesem Tag an hatte das Kind wieder wunderschöne Träume und der neugierige Engel konnte, um seine Langeweile zu überwinden, nichts anderes tun als schlafen. Aber er hatte auch weiterhin wirre und anstrengende Träume und nach dem Aufwachen schmerzte sein Kopf. Und so wünschte er sich, wieder traumlos schlafen zu können, wie alle anderen Engel: Aber jetzt war es zu spät.

# *Der gemalte Engel*

Als die Piraten noch mit ihren Segelschiffen übers Meer fuhren, den Dolch im Gürtel, schlief kein Fischer oder Matrose mit zwei geschlossenen Augen. Meist hielten sie ein Auge offen oder vielleicht sogar ein Ohr, denn im Dunkel der Nacht konnte ein Schatten oder ein Geräusch das Entern eines Schiffes ankündigen. Wenn sie Glück im Unglück hatten, endeten sie dann gefesselt im Laderaum und wurden mit der übrigen Ware verkauft, meist aber dienten sie den Fischen zum Fraß.
Aber das war noch gar nichts im Vergleich zu dem Schiff, das den Kurs von Archesilao kreuzte, dem wildesten, erbarmungslosesten und grausamsten Seeräuber, der je übers Meer gefahren ist. Niemand wagte die schrecklichen Dinge zu erzählen, die er über ihn gehört hatte, und sein Name wurde nur mit unterdrückter Stimme ausgesprochen, als wäre er ein Dämon oder eine verdammte Seele. Und wie ein Dämon wurde er von allen beschrieben, auch wenn es

keinen gab, der ihn je gesehen hatte, nicht einmal von weitem. Denn wer das Pech gehabt hatte, ihn zu treffen, der lag jetzt auf dem Meeresgrund oder unter der Erde. So erzählte man es sich jedenfalls.

Nun stellt euch eine kleine Stadt mit wenigen Häusern, zwei Türmen und einer kleinen Kirche vor, die oben an einer steilen Küste liegt. Unten gibt es einen kleinen Hafen für die Boote.

Eines Morgens, die Sonne war kaum aufgegangen, schlug der Wachposten oben auf dem Turm Alarm: Ein Schiff ohne Segel und Ruder kam näher, wie vom Wind getrieben. Aber es wehte kein Lüftchen, das Wasser kräuselte sich nicht.

»Ein Wunder!«, sagten die einen, die die Ankunft beobachteten.

»Eine Falle!«, sagten die anderen. Und alle dachten an Archesilao.

Das Schiff erreichte den Hafen und legte neben den anderen Schiffen an. Alle betrachteten es von oben, aber niemand rührte sich, niemand stieg zum Hafen hinab oder fuhr zum Fischen hinaus. Am nächsten Tag lag das Schiff immer noch da und keiner hatte einen Schritt außerhalb der Stadtmauer getan.

Schließlich ging eine Frau, die lange genug darauf gewartet hatte, dass ihr Mann etwas zum Abendessen nach Hause brachte, heimlich hinunter zum Hafen und näherte sich

dem Schiff. Ein junger Mann, der offenbar tot war, lag darin.
Sie holten ihn heraus, trugen ihn ins Dorf und stellten fest, dass er noch lebte.
Die Frauen aus dem Dorf pflegten ihn, wie man einen Sohn pflegt, und nach einigen Tagen war der junge Mann wieder genesen. Aber er war blind und stumm und alle sagten, das sei sicher das Werk Archesilaos gewesen.
Der junge Mann konnte nicht sehen und nicht sprechen, aber er malte besser als ein Maler. Er malte, als würde er die Dinge sehen, als kenne er schon alles, als hätte er Augen. Dabei waren seine Pupillen leer.
Anfangs lobten sie ihn und bewunderten sein Können. Alle wollten unbedingt von ihm porträtiert werden. Aber dann fanden sie es seltsam, dass ein Blinder derart gut malen konnte, und am Abend begannen sie sich in ihren Häusern Fragen zu stellen: Wer war dieser Unbekannte?
Niemand wagte ihn zu fragen, aber je mehr sie sich selbst fragten, umso weniger Antworten fanden sie.
Und so fingen sie an ihn nicht mehr zu grüßen. Sie gingen ihm aus dem Weg und verboten ihren Kindern sich ihm zu nähern. Hätte man sie gefragt, warum sie so handelten, so hätten sie keinen vernünftigen Grund angeben können. Aber eines war sicher: Sie ertrugen sein meisterhaftes Können mit dem Pinsel nicht mehr. Sie hatten geradezu Angst vor ihm.

Der junge Mann aber malte weiterhin alles, als würde er sehen. Er malte die Frauen, die ihre Fensterläden schlossen, wenn er vorüberging, er malte die Kinder, die ihn heimlich hinter den Mauern beobachteten. Die Eltern schimpften mit den Kindern und er malte die Schimpfenden.

Um endlich Ruhe zu finden, brachten sie ihn weit weg von der Stadt, an einen abgelegenen Ort in der Nähe der Klippen. Sie dachten, jetzt seien sie befreit, aber sie täuschten sich. Der junge Mann ging ihnen nicht mehr aus dem Sinn.

»Was macht er bloß?«, fragten sie sich ständig.

Und am Abend versicherten sie sich, dass die Tore der Stadt verbarrikadiert waren und die Wachen gut aufpassten. Bei jedem Geräusch schreckten sie hoch. Jetzt hatten sie mehr Angst vor ihm als vor Archesilao.

Eines Nachts trafen sich die Männer aus der Stadt heimlich und beschlossen, endlich etwas zu tun.

»Wir werfen ihn die Klippen hinunter!«, schlug einer vor. »Das Meer hat ihn hergetragen, es wird ihn auch wieder wegtragen.«

Alle waren einverstanden und sie bildeten einen Trupp, bewaffneten sich und versammelten sich an der Klippe, ohne Lärm zu machen.

Aber der junge Mann war nicht da, so sehr sie ihn auch suchten. Sie fanden keine Spur. Sie sahen nur auf einem

Felsen das gemalte Bild eines Engels mit ausgebreiteten Flügeln und leeren Augen. Er war so schön und so traurig, dass sie verblüfft stehen blieben. Aber nur einen Augenblick. Dann suchten sie weiter, und als sie sicher waren, dass der junge Mann verschwunden war, atmeten sie erleichtert auf.
»Er wird ins Meer gefallen sein.«
»Umso besser, dann können wir uns die Mühe sparen.«
Sie kehrten in die Stadt zurück, läuteten die Glocken und feierten die ganze Nacht. Dann fanden sie endlich Ruhe.

Die Zeit verging. Eines Morgens, bei Sonnenaufgang, tauchte weit draußen auf dem Meer ein Schiff auf, dahinter noch eins und noch eins. Sie hatten keine Flagge gehisst, es waren sicher Piraten. Die Wachen schlugen Alarm: »Piraten in Sicht!« Und alle dachten an Archesilao. Voller Angst versperrten sie die Tore, bewaffneten sich, so gut es ging, und warteten auf ihren Tod. Denn wenn es Archesilao war, gab es kein Entrinnen.
Sie warteten einen ganzen Tag und eine ganze Nacht. Nichts geschah. Als läge ein Zauber drauf, lag das Meer glatt wie eine Marmorplatte da, die Luft war noch ruhiger als das Meer und es schien, als wären die Schiffe am Horizont festgenagelt. Sie kamen keinen Meter voran.
Im Morgengrauen, als fast alle vor Erschöpfung eingeschlafen waren und nur ein einziger Wachposten auf dem

Turm stand, fuhr ein Boot aus dem Hafen hinaus, den Bug auf die Piraten gerichtet.
Es wurde von dem jungen Blinden gelenkt, sagte der Wachposten. Einige glaubten es ihm, andere meinten, er habe geträumt.
Sicher ist jedoch, dass die Schiffe verschwanden und nie mehr gesehen wurden.
So verlief das Leben in der kleinen Stadt wieder wie früher. Die Frauen verrichteten ihre Hausarbeit, die Männer fuhren am Morgen mit ihren Booten hinaus und kehrten am Abend zurück. Wenn sie, bevor sie den Hafen erreichten, an der Klippe vorbeifuhren, senkten sie den Blick, um den gemalten Engel, der von weitem herüberschaute, nicht zu sehen. Gerne hätten sie ihn weggewischt, wagten es aber nicht.
Sie konnten den jungen Mann nicht vergessen und abends, wenn sie hinter ihren verschlossenen Türen saßen, stellten sie sich tausend Fragen. Wer war er wirklich? Woher kam er? Aber je mehr sie sich fragten, desto weniger Antworten fielen ihnen ein.

Von Archesilao hörte man nichts mehr. Vielleicht war er weitergezogen, auf andere Meere, oder die Erde hatte ihn verschluckt.
Oder vielleicht gab es ihn gar nicht wirklich, wie ein Kind meinte, und die Großen hatten sich ihn nur ausgedacht.

# Der gefangene Engel

Vor langer Zeit lebte in einem fernen Land ein sehr mächtiger und grausamer Mann. Er war ein Fürst, der in einer Burg auf einem Berg wohnte. Die Burg war von drei Mauerringen, zwei Burggräben, sechs Zugbrücken und einem tiefen Fluss umgeben, der umgeleitet worden war, um die Festung besser verteidigen zu können.

Der Fürst hatte sein ganzes Leben lang gekämpft und viel erobert. In seinen Schatzkammern hatte er mehr Reichtümer angehäuft, als man sich vorstellen konnte, und seine Kerker waren voller Gefangener.

Der Fürst war sehr reich, sehr mächtig und sehr unglücklich. Deshalb fand er nie seinen Frieden.

Er verstand nicht, warum er immer im Morgengrauen, wenn die Wachposten den Tagesanbruch verkündeten, von einer großen Furcht ergriffen wurde. Das Zwitschern der Vögel machte ihn traurig und die Fröhlichkeit der Kinder machte ihn zornig. Er hatte schon alle möglichen Gelehr-

ten befragt, hatte alle Vögel der Umgebung fangen und die Kinder wegschaffen lassen. Nur der Sonne konnte er nicht verbieten, zu scheinen und auf- und unterzugehen. Dazu war er nicht in der Lage.
Und so war der Fürst ständig erfüllt von Furcht und Zorn.
Um sich abzulenken, führte er Kriege, und wenn er nichts zu tun hatte, ritt er des Nachts auf einem schwarzen Pferd aus. Er durchstreifte die Wälder und Felder, die seine Burg umgaben, war mal hier, mal da, aber er kehrte stets noch vor Tagesanbruch zurück. Wenn der Himmel heller wurde und der letzte Stern verblasste, sah man den Fürsten wütend auf seinem Ross zurückreiten, als wäre er von Geistern verfolgt.
In einer sehr dunklen Nacht aber verfehlte er die Straße, und als die Sonne aufging, befand sich der Fürst auf einer Lichtung, wo ein Mann ganz allein pfeifend Holz hackte.
»Guten Tag«, sagte er zu dem Fürsten, ohne ihn zu erkennen.
»Weißt du, wer ich bin?«, fragte der Fürst.
Der Mann antwortete mit Nein und der Fürst sagte es ihm. Er erwartete, dass der Mann auf die Knie fallen oder mit dem Holzhacken aufhören würde, wie es alle in seiner Gegenwart taten. Der Mann hingegen spaltete weiter sein Holz und pfiff dabei.
»Hast du keine Angst vor mir?«, fragte der Fürst.

»Warum sollte ich Angst haben?«, antwortete der Mann. »Ich habe nichts Schlechtes getan und außerdem habe ich einen Schutzengel.«
Zu einem anderen Zeitpunkt hätte der Fürst diesen stolzen Mann ausgepeitscht, aber der Tag brach an und er wollte schnell in seine Burg zurückkehren. Nur dort fühlte er sich sicher. Er gab seinem Pferd die Sporen und ritt davon.
Als er auf seinem Anwesen war, musste er wieder an den pfeifenden Mann aus dem Wald denken, der keine Angst hatte. Es ließ ihm keine Ruhe.
Warum war er, der so viele Kriege gewonnen hatte und so viele Gefangene gemacht hatte, voller Furcht und der andere nicht? War an all dem der Engel schuld?
Sofort gab er seinen Wachen Anweisung, in den Wald zu gehen, den Mann ausfindig zu machen und ihn herzubringen.
»Gib mir den Engel, der dich beschützt, und ich lasse dich frei!«, befahl er.
Der andere lachte.
»Was wollt Ihr mit einem Engel? Engel lieben frische Luft, wollen frei sein, sind gerne auf Bäumen, auf Hausdächern und Türmen. Ein Engel hier drinnen? In diesen Mauern? Er würde es nicht aushalten, würde davonfliegen.«
Als sie diese Antwort vernahmen, schauten die Wachen und Höflinge den Fürsten erwartungsvoll an. Bei so viel Verwegenheit war der Tod sicher.

Aber der Fürst, der mehr als alles andere wünschte, dass diese schlimme Furcht, die jeden Tag größer wurde, verschwand, ging nicht darauf ein.
»Gib mir den Engel, der dich beschützt, und ich baue ihm einen Turm aus Gold und Silber, ohne Türen und Fenster, angefüllt mit Kissen aus Damast und Brokat, auf denen er ruhen kann.«
»Kissen aus Damast? Was soll ein Engel denn damit? Die Engel haben doch schon die Wolken, den Rauch aus den Kaminen, die Nebelschwaden, den Dunst ... Er bliebe nicht auf Euren Kissen. Er würde davonfliegen.«
»Ich mache ihn zum Minister, zum obersten Heerführer. Er wäre stets an meiner Seite.«
Der Mann lachte wieder.
»Ja, das machen Engel normalerweise. Aber Ihr habt schon so viele Leute um Euch herum. Er würde nicht an Eurer Seite bleiben. Er würde davonfliegen.«
Da verlor der Fürst die Geduld. Er hob den Arm und befahl den Wachen: »In den Kerker mit ihm! In den Kerker oben auf dem großen Turm, der Sonne, dem Wind, dem Regen ausgesetzt! Ohne Wasser und Brot! Wir werden sehen, was sein Engel für ihn tut.«
Der Mann wurde im Kerker eingesperrt und dort vergessen.
Anfangs sang und pfiff er, und wenn der Fürst in der Nacht durch die Wälder ritt und seine Stimme hörte, kam er fast

um vor Angst. Schließlich ritt der Fürst nicht mehr aus. Tag und Nacht schloss er sich in seiner Burg ein.
Eines Tages hörte man das Singen und Pfeifen des Gefangenen nicht mehr und der Fürst atmete erleichtert auf.
»Endlich«, sagte er und wies seine Wachen an nachzuschauen, ob der Mann gestorben war.
Sie fanden nichts und niemanden. Der Kerker war verschlossen und er war leer, als wäre nie jemand darin gewesen.
Bald ging das Gerücht, der Gefangene sei ein Engel gewesen. Der Fürst starb vor Angst und seine große Burg zerfiel zu einer Ruine. Andere bekamen seine Ländereien und nahmen andere Gefangene. Die Burg wurde gestürmt, die Türme abgerissen, der Fluss trocknete aus.

Heute ist von jener Burg überhaupt nichts mehr zu sehen. Einzig ein schwarzer, zerklüfteter Felsen, mit Buschwerk bewachsen, ist übrig geblieben. Auch den Kerker gibt es nicht mehr.
Aber in der Nacht, wenn alles still ist und kein Wind weht, hört man aus der Erde ein leises Pfeifen.
Einige sagen, das wäre ein Vogel, andere sagen, der Engel sei zurückgekehrt.

# *Der Engel und der Leuchtturm*

Mitten im Meer lagen nebeneinander drei Inseln. Rundherum meilenweit nichts als Wasser. Die erste Insel war von Bäumen bedeckt, die zweite war schwarz von Lavagestein und die dritte weiß von Schaum. Von oben betrachtet wirkte die erste wie ein auf dem Wasser treibendes grünes Blatt, die zweite wie ein schuppiger Fisch und die dritte sah man fast gar nicht, weil sie nur aus einem einzigen Felsen bestand.

Auf der grünen Insel gab es Felder und Häuser, auf der schwarzen Insel war ein kleines Fischerdorf und auf der dritten Insel stand ein Leuchtturm. In der Dämmerung ging sein Licht an. Es war der erste Stern der Nacht, egal ob das Meer von Wolken oder Nebeln überzogen war, und es war wie ein helles Auge, das in der Gefahr leuchtete. Wenn die Seeleute daran vorbeifuhren, konnten sie das Licht schon von weitem sehen und waren beruhigt.

Alle kannten den Leuchtturm und den alten Leuchtturmwärter, der ihn beaufsichtigte. Er war schon so viele Jahre da, dass er sie nicht mehr zählen konnte. Als junger Mann war er einst gekommen und nun hatten seine Haare die Farbe der Gischt angenommen, seine Augen waren zu grauen Schlitzen geworden und seine Haut erinnerte an ausgetrocknete, von Furchen durchzogene Erde.

Niemand kannte das Meer besser als er. Im Morgengrauen warf er die Netze aus und sprach mit den Möwen, bei Sonnenuntergang stieg er auf den Turm und zündete das Licht an. So war es immer, bei Sonne und Regen, an ruhigen Tagen und mitten im Sturm. Wie viele Schiffe hatte er vorbeiziehen sehen, einige waren in den Wellen verschwunden, andere hatten gegen das wütende Meer, das sie verschlingen wollte, angekämpft. Und das Licht des Leuchtturms hatte sie gerettet.

Aber jetzt war der alte Wächter müde, er wollte sich nur noch ausruhen, träumte von einer grünen Wiese, von Bäumen und von einem Schaukelstuhl. Er wartete auf die Ankunft des Engels, aber der Engel ließ sich Zeit.

Eines Tages kam er schließlich doch.

»Da bin ich, um dich abzuholen«, sagte er.

»Du kommst spät!«

Der Engel lächelte.

»Die meisten haben es nicht so eilig. Aber jetzt mach dich fertig. Wir haben einen langen Weg vor uns.«

Der Leuchtturmwärter packte seine Sachen – die Mütze,

die Pfeife und eine Portion Tabak – in eine kleine Tasche. Der Engel schaute ihm schweigend zu. Eigentlich sah er gar nicht wie ein Engel aus, eher wie ein müder Wanderer. Er trug staubige Schuhe und hielt einen Koffer in der Hand.
»Und die Flügel?«, fragte der Alte.
»Die hab ich im Koffer. Ich brauche sie jetzt nicht. Wir müssen laufen.«
»Ein Plätzchen im Grünen würde mir gefallen«, sagte der Alte. »Eine Wiese mit Obstbäumen, ich habe zu viel Wasser gesehen.«
Der Engel schaute sich um.
»Du hast Recht, aber ich denke, du wirst zufrieden sein.«
Er war wirklich sympathisch.
Als der Alte fertig war, machten sie sich auf den Weg: eine lange, steil ansteigende Straße. Es war sehr anstrengend. Aber die Aussicht war schön. Man sah die grüne Insel und die Lava-Insel und eine Wolke aus Schaum, in der der Leuchtturm stand. In diesem Augenblick fiel dem Alten ein, dass er vergessen hatte, das Licht anzuzünden. In der Eile des Aufbruchs hatte er nicht daran gedacht.
›Das Meer ist glatt wie Öl‹, sagte er sich, ›hoffen wir, dass es so bleibt.‹
Er hatte nämlich eine eigenartige Wolke am Himmel entdeckt.
»Das geht dich jetzt nichts mehr an«, erwiderte der Engel.

Sie stiegen weiter hinauf, während sich die Farbe des Meeres veränderte. Sie wechselte von Grün zu Bleigrau, genauso wie die Wolken, die über sie hinwegzogen. Der Alte schaute nach unten und sah ein Boot.
»Es kommt ein Sturm auf und der Leuchtturm ist dunkel«, überlegte er laut.
»Das geht dich jetzt nichts mehr an«, wiederholte der Engel.
Das Schiff wurde von den Wellen geschüttelt.
»Sie werden an den Klippen zerschellen«, sagte der Alte. »Lass mich umkehren, damit ich das Licht auf dem Leuchtturm anzünde.«
Der Engel schüttelte den Kopf.
»Du kannst nicht umkehren. Du bist jetzt tot.«
Der Alte schaute erneut nach unten, zu der Felseninsel, und dann sah er das Fischerdorf und an der Küste eine Gruppe von Frauen und Kindern, die das Meer absuchte. Er hatte Angst.
»Leih mir deine Flügel! Nur ganz kurz, um zum Leuchtturm zu kommen!«
Der Engel lächelte.
»Das ist nichts für dich. Nur Engel fliegen.«
»Dann mach du es«, bat ihn der Alte.
»Meine Aufgabe ist es nicht, das Licht auf dem Leuchtturm anzuschalten, sondern dich zu begleiten«, sagte der Engel etwas verärgert.

Das Meer war jetzt pechschwarz und das Schiff verschwand in den Wellen.
»Die Klippen sind ganz nah!«, murmelte der Alte verzweifelt, »wenn du ihnen nicht hilfst, sind sie verloren.«
Der Engel schaute nach unten und seufzte.
»Jedes Mal ist es das Gleiche. Immer vergessen sie etwas.«
Er holte zwei große weiße Flügel aus dem Koffer, befestigte sie an seinen Schultern und entfaltete sie wie zwei Segel.
»Du gehst weiter hoch!«, sagte er zu dem alten Mann und stürzte sich nach unten.
Der Alte sah einen Lichtstreifen, der über das Meer fiel, und stieg erleichtert bergauf. Ohne den Engel war es noch anstrengender. Aber endlich befand er sich auf einer grünen Wiese mit Bäumen und einem Schaukelstuhl, der auf ihn zu warten schien. Da wurde ihm klar, dass er angekommen war. Mit einem Seufzer setzte er sich und blickte hinunter: Der Leuchtturm glänzte hell über dem schwarzen Meer und das Schiff schwamm weit entfernt von den Klippen. Es war gerettet.
Der Alte zündete die Pfeife an und nahm einen kräftigen Zug. Das war wirklich ein schönes Plätzchen! Er setzte seine Mütze auf den Kopf und war, nun von oben herab, dasselbe, was er immer gewesen war: ein Leuchtturmwärter.
Und der Engel? Als er alles in Ordnung gebracht hatte, faltete er die Flügel zusammen, legte sie in den Koffer und machte sich wieder auf den Weg.

# *Der Engel, der seine Stimme verloren hatte*

Einmal machte ein Engel, der lange herumgeflogen war, auf einer Wolke Rast, um sich auszuruhen und die Erde zu betrachten. Und wie alle Engel, wenn sie von oben herunterschauen, hing er kopfüber da, eine Körperhaltung, die für Engel natürlich und bequem ist und ihnen außerdem eine besonders gute Aussicht beschert.

Der Engel war gerade sehr heiter gestimmt, was bei Engeln übrigens keine Seltenheit ist. Während er so zur Erde hinunterblickte, fing er an zu singen. Kopfüber sang er eine wunderschöne Melodie und seine Stimme zeigte sich am Himmel wie zarte, farbige Rauchschwaden, die Ringe, Spiralen und Schlangenlinien bildeten und während des Gesangs immer länger wurden.

Plötzlich verlor der Engel das Gleichgewicht, vielleicht war er zu sehr mit dem Singen beschäftigt gewesen, und rutschte *ffffssss!* nach unten. Es war nur ein kleiner Augenblick, weniger als eine Sekunde, ein Wimpernschlag, da hatte der Engel sich Flügel schlagend wieder gefangen, bog seinen Körper nach oben und *ffffssss*! hing er wie zuvor auf seiner Wolke. Kopfüber.

Aber als er von neuem seinen Gesang anstimmen wollte, zeigte sich, dass er keine Stimme mehr hatte. Die jähe Bewegung hatte den bunten Rauch zerrissen und nun schwebten überall am Himmel Ringe, Spiralen und Schlangenlinien.

›Na, so was!‹, dachte der Engel und lächelte. Ruhig machte er sich auf, sammelte die einzelnen Teilchen der Melodie wieder ein und brachte sie in die richtige Reihenfolge. Ein paar unsichtbare Knoten in die zarten Stückchen und die Melodie schaukelte wie zuvor durch die Luft. Es waren wunderschöne Rauchschwaden, die in allen Farben schillerten.

Zufrieden machte der Engel es sich wieder kopfüber bequem und fing erneut an zu singen. Doch als er an die schönste und herzzerreißendste Stelle kam, traf ein fürchterlicher Laut sein Ohr: ein »Uuuchchchch!«, dann ein »Ooochchchch!« und ein »Aaachchchch!« Die Melodie hatte einen Sprung.

Dieses Mal richtete sich der Engel mit einem Ruck von seinem Aussichtspunkt auf und untersuchte aufmerksam den Rauch. Er zählte die einzelnen Teile seiner Melodie: siebenundvierzig ... waren es nicht fünfzig gewesen? Er zählte noch einmal ... und tatsächlich, es fehlten drei.

Der Engel konnte es immer noch nicht glauben, er nahm wieder seine Stellung mit dem Kopf nach unten ein und begann zu singen. Am allerschönsten Punkt war abermals ein Bruch. Es bestand kein Zweifel: Drei Stücke fehlten und deshalb konnte er nicht mehr singen.
Allein der Gedanke ließ ihn erschaudern. Ein Engel, der nicht singt, ist wie eine Geige ohne Saiten, wie eine Nachtigall ohne Stimme.
Verzweifelt machte er sich im ganzen Himmel auf die Suche nach den drei Teilen aus der Melodie, aber soviel er sich umschaute, er fand sie nicht.
Also flog er auf die Erde und durchsuchte Wälder, Meere, Kontinente. – Nichts!
Als er am Ende ganz dicht über ein Gebirgstal flog, sah er einen kleinen Zug, der sich an einem Berg hochschob wie eine Schnecke an der Wand. Es waren drei Waggons und eine alte, schnaubende Lokomotive, die immer wieder einen langen Pfiff ausstieß: einen Pfiff und eine Rauchwolke.
Aber der Pfiff klang nicht wie der Pfiff einer Lokomotive, er hörte sich ganz sanft und irgendwie verändert an. Und der Rauch war nicht etwa grau, schmutzig und dunkel, sondern er leuchtete in den schönsten Farben. Der Engel bremste ab und schaute sich alles genauer an. Ja, das, was da aus dem Schornstein hochstieg, war ein Stück seiner Melodie.

Verblüfft, dass Lokomotiven so musikalisch sind, setzte der Engel zum Landen auf dem Zug an. Er war fest entschlossen, sich seine Stimme wieder zu holen. Die drei Wagen waren voll besetzt mit armen Leuten, die nach einem arbeitsreichen Tag nach Hause zurückfuhren: Es waren Bergarbeiter und Bauern, außerdem Hausfrauen, die auf dem Markt eingekauft hatten. Alle schliefen, eingelullt in die Melodie, und hatten die schönsten Träume.
Der Engel betrachtete sie und zögerte einen Moment lang, dann sagte er: »Aber ich muss doch singen!«, und da war die Entscheidung getroffen.
Er sammelte den bunten Rauch ein, wickelte ihn zu einem Knäuel und flog davon. Die Reisenden im Zug wachten unvermittelt auf, blickten sich um und fühlten sich ohne die Träume noch ärmer und noch müder.
Der Engel aber war längst weg.

Er kam zu einer Stadt und sah eine belebte, laute Straße mit vielen Geschäften. In der Nähe war ein Fest und alles war voller Lichter. Verkaufsstände boten ihre Ware an und Gaukler waren unterwegs. Die Menschen kamen lachend und lärmend aus den Geschäften, sie waren mit Paketen beladen und sie schienen glücklich zu sein. Der Engel hielt sich die Ohren zu – was für ein Krach! – und flog weiter.
In diesem Moment sah er auf einem mit Lichterketten behängten Baum ein Stück seiner Melodie. Sie war im

Baumwipfel hängen geblieben und schwebte nun wie der Schweif eines Kometen in der Luft. In dem großen Durcheinander hatte sie keiner bemerkt. Nur ein Blinder, der in einer Straßenecke um Almosen bettelte, hatte die Melodie wahrgenommen, die von dem Baum herunterklang, und hörte verzückt zu.
Der Engel sah den Blinden und wäre fast weitergeflogen, aber dann erinnerte er sich an den fürchterlichen Ton.
Also setzte er sich auf den Baum, nahm den bunten Schweif und befestigte ihn an seinem Flügel.
An der Straßenecke starrte der Blinde weiterhin nach oben. Vergeblich. Die Musik hatte aufgehört.
Der Engel aber war längst weg.

Jetzt fehlte nur noch ein kleines Stückchen, ein winziger Ring, fast nur ein Punkt. Der Engel erinnerte sich gut daran: Es war der Teil, welcher der Melodie eine heitere und rhythmische Note verlieh, wie Regentropfen auf Blättern.
»Tack-ticktock-tack!«
Es würde sicher nicht leicht sein, diesen Teil, unauffällig wie er war, zu finden. Aber ohne ihn konnte er nicht singen. Und so begann er wieder umherzufliegen. Es fand sich aber keine Spur des kleinen Ringes.
Nach und nach überquerte der Engel die ganze Erde, flog über unwirtliche und verlassene Orte, wo nicht einmal Engel gerne hinfliegen. Als er die Hoffnung schon aufge-

ben wollte, hörte er plötzlich den Ton, den er so sehr gesucht hatte: »Tack-ticktock-tack!«
Er schaute nach unten und sah eine trostlose Ebene, in der es nur Felsen und Steine gab. Alles schien ohne Leben. Ein kleiner Brunnen hatte sich in den Felsen eingegraben und daraus rieselte ein dünner Wasserstrahl: »Tack-ticktock-tack!«
Hier war also das letzte Stück seiner Melodie gelandet.
Der Engel flog mit seinen weißen Flügeln bis zum Brunnen und mit zwei Fingern fischte er den kleinen farbigen Ring aus dem Wasser. Er legte ihn in die Innenfläche seiner Hand und atmete auf. Endlich war die Melodie wieder vollständig.
»Tack-ticktock-tack!«
Die Musik des Brunnens war verklungen und der Wasserfaden versickerte nun geräuschlos. Er wurde immer dünner, als wäre er krank. Schließlich blieben nur ein paar Tropfen übrig.
In diesem Augenblick erschien ein Mädchen mit einem Wasserkrug auf dem Kopf. Sie stellte ihn in den Brunnen und setzte sich hin um abzuwarten.
»Tock-tock« machte der Tropfen und der Krug blieb leer.
Der Engel schaute das Kind und den leeren Krug an, schloss seine Hand und flog davon.
Als er wieder auf der Wolke angekommen war, machte er es sich mit dem Kopf nach unten bequem und fing an zu sin-

gen. Und die Musik erfüllte erneut den Himmel, hinterließ Kringel, Spiralen und Schlangenlinien: ein wunderschöner bunter Rauch.

Aber der Engel war nicht froh. Von seiner Wolke aus sah er das wartende Mädchen und den Krug, der sich nicht füllte. Er setzte sich anders hin, sang wieder, aber er war immer noch unglücklich.

Und schließlich verstand er. Er holte sich den kleinen Kreis aus der Melodie, dann noch einen und noch einen und er warf alles in den Brunnen.

Da begann das Wasser zu laufen, viel kräftiger als vorher, der Brunnen fing an zu singen und der Krug des Mädchens füllte sich zügig bis zum Rand.

Glücklich und kopfüber hörte der Engel auf seiner Wolke dem Plätschern des Wassers zu und er schaukelte dabei sanft hin und her.

# *Das Geschenk des Engels*

Nicht alle Engel sind gleich: Die einen überbringen Botschaften, andere beschützen Kinder, einige musizieren und wieder andere loben den Herrn. Aber wer kennt eigentlich die Sammlerengel?

Natürlich sind sie nicht so schön wie die Cherubim und sie können auch nicht so gut Reden halten wie die Erzengel. Es sind bescheidene Engel, auch was ihre Kleidung angeht. Aber sie haben viel zu tun und es sind gleichwohl sehr wichtige Engel.

Sie sammeln nämlich die Gebete und die Flüche der Menschen. Sie machen da keinen Unterschied, vorausgesetzt, diese sind aufrichtig. Eine sehr anstrengende Arbeit.

Jeden Tag müssen sie mit ihrer Umhängetasche ganz tief hinunter auf die Erde fliegen, damit sie auch das leiseste Flüstern hören. Wenn die Tasche gefüllt ist, schwingen sie sich in die Lüfte, durchstoßen die Wolken, bis sie im Himmel sind. Dort packen sie dann wie auf einer großen Wiese

ihre Taschen aus und errichten kleine Stapel mit Nachrichten: Worte in allen Sprachen, lange und kurze Sätze, manchmal nur Seufzer.
Wenn die Engel alles ausgeleert haben, kehren sie im Sturzflug zur Erde zurück und sammeln weiter. Denn der Herr möchte alle diese Nachrichten hören und wehe, es fehlt eine!
Jetzt stellt euch vor, wie sich ein todmüder Engel fühlt, der gerade zurückfliegen will und dabei eine letzte Nachricht in der Luft schweben sieht, einen kurzen Satz, der darauf wartet, eingesammelt zu werden: »Du hast uns vergessen!«
Woher er kam, blieb ein Geheimnis, denn unten auf der Erde war es so neblig, dass nicht einmal ein Engel klar sehen konnte.
Der Engel erschauderte. Was würde der Herr von ihm denken? Dass er seine Arbeit nicht ordentlich erledigte?
Er widerstand der Versuchung, den Satz nicht mitzunehmen, dazu war er zu gründlich: Seufzend legte er ihn in die Tasche und flog direkt nach oben, um die schwere Last abzuladen. Es war, Gott sei Dank, der letzte Flug an diesem Tag.
Aber die Nachricht gelangte, vielleicht, weil sie so kurz war, sofort an Gottes Ohr.
»Vergessen? Wie ist das möglich? Wo hast du das aufgelesen? Wer hat mir das geschickt? Vergessen?«
Und der Herr befahl dem Engel, sofort wieder hinunterzu-

fliegen und den Absender dieser Botschaft herauszufinden.
»Es kann doch nicht sein, dass ich jemanden vergessen habe. Ich mache doch nichts anderes, als ihnen zuzuhören«, seufzte er. Es ließ ihm keine Ruhe.

Der Engel begab sich also wieder auf die Erde und machte sich auf die Suche. Das war gar nicht so einfach. Alle Nachrichten, welche die Engel einsammeln, sind unterschrieben, auch die Flüche und sogar Gotteslästerungen. Aber diese trug keine Unterschrift. Wo sollte er also suchen?
Der Engel flog überall herum, besuchte Kirchen, Krankenhäuser und Wohnungen. Er durchstreifte die Stadt, überquerte Flüsse, Meere und Wälder. Er befragte Menschen, Fische und Vögel. Keiner konnte ihm eine Antwort geben. Müde und erschöpft war er nahe daran, zum Herrn zurückzukehren, aber er war ein gehorsamer Engel und so suchte er weiter. Ein ganzer Tag war inzwischen vergangen, der Engel war ohne anzuhalten geflogen und war jetzt völlig überanstrengt. Seine Flügel hingen herunter, er vermochte sich nicht mehr in der Luft zu halten und so hielt er Ausschau nach einem Platz, wo er sich ausruhen konnte. Unter ihm lag ein Tal, das er nicht kannte. Es war mit Gras bewachsen und zwei kleine Bäume standen nebeneinander, wie um sich gegenseitig Gesellschaft zu leisten.

Der Engel kam herunter. Die Sonne brannte heiß. Er setzte sich unter die Bäume.
»Endlich bist du gekommen!«, sagten diese.
»Lasst mich erst ausruhen«, seufzte der Engel und schlief ein.
Die Bäume warteten. Sie warteten sehr lange, denn der Schlaf des Engels war sehr, sehr tief. Als er wieder aufwachte, war es Frühling geworden und alles stand in Blüte. Die Wiese sah ganz anders aus. Die zwei Bäume hingegen waren gleich geblieben, sie trugen keine einzige Blüte. Sie hatten nur ihre kleinen dunklen Blätter und das machte einen ganz traurigen Eindruck.
»Wie du siehst, hat der Herr uns vergessen«, sagten die Bäume zum Engel und der Engel errötete bei diesen Worten.
Die Bäume sprachen weiter: »Als er uns geschaffen hat, sagte er zu uns: ›Ich gebe euch nur ganz kleine Blätter, weil ihr noch bunte, leuchtende Blüten bekommt.‹ Dann wurde er abgelenkt, da er noch einen wunderschönen Baum fertigstellen musste, der mitten im Paradies stand. ›Ich muss die Früchte anbringen‹, sagte er und ging weg.«
»Und dann?«, fragte der Engel.
»Er hatte so viel zu tun ... er ist nicht mehr zurückgekommen«, klagten die Bäume.
Wieder errötete der Engel.
›Wie ist das möglich?‹, dachte er bei sich, ›das ist doch

noch nie passiert.‹ Aber er sagte nichts. Er riss sich ein Büschel seiner langen, weichen und wie Gold glänzenden Haare aus und wickelte ein Haar nach dem anderen um die Zweige. Dann nahm er einen Zipfel seines Gewandes, machte Schleifen daraus und verteilte sie über die Bäume. Zum Schluss zupfte er sich zwei Federn aus den Flügeln und steckte sie auf die Baumspitzen.

»Mehr kann ich nicht für euch tun«, sprach der Engel zu den Bäumen und flog davon.

Diese funkelten nun mitten auf der blühenden grünen Wiese, als wären tausend Lichter angezündet.
Von seiner Wolke aus sah es der Herr.
»Ach ja«, sagte er seufzend, »ich wollte die Tannenbäume für Weihnachten noch fertig machen. Wie gut, dass er daran gedacht hat.«

# *Der Engel an der Krippe*

Es begann damit, dass der Herr vor langer Zeit, ich erinnere mich nicht mehr genau daran, wann das war, mit der Erschaffung der Welt beschäftigt war. Eine langwierige und anstrengende Arbeit auch für ihn. Nun war der sechste Tag und er hatte bereits den Himmel und die Erde, das Wasser, die Tiere und auch den Mann und die Frau erschaffen. Er war also fast am Ende angekommen und wollte sich gerne ausruhen, als er bemerkte, dass in diesem perfekten Werk etwas fehlte. Irgendetwas hatte er vergessen. An die Namen der Tiere und Pflanzen hatte Adam gedacht und ihm diese Pflicht abgenommen. Doch um mit dem Mann und der Frau und allen, die da kommen würden, sprechen zu können, was hatte er dafür getan? Es gab Blitze und Donner, das schon, was war aber, wenn er gerade beschäftigt war oder sich ausruhen wollte? Man brauchte Boten.
So kam es zur Erschaffung der Engel.

Wie bereits gesagt, war der Herr ziemlich müde, aber er entschied, dass man ein derart schönes Werk nicht unvollendet lassen könne, und so machte er sich seufzend an die Arbeit.
Er nahm eine weiße Wolke, die so weich war wie Wolle, löste eine große Flocke ab und begann sie zu formen: Wallendes Haar, ein schlanker, biegsamer Körper, zwei große Flügel, fertig war der Engel. Der Herr holte sich ein paar Flammenzungen von der Sonne und legte sie dem Engel aufs Haupt.
»Du gehörst zu den Cherubim«, sagte er zu ihm und ließ ihn fliegen.
Und wie er mit dem ersten verfahren war, verfuhr er noch mit einigen Dutzend anderen, bis die Wolke zur Hälfte aufgebraucht war.
Nun nahm er die andere Hälfte der weißen Wolke und formte erst einen Engel und danach noch viele andere. Er holte sich einen leuchtenden Stern und setzte ihn auf das Engelshaupt.
»Du gehörst zu den Seraphim!«, sagte er und der Engel flog sogleich nach oben, um sich zu den anderen zu gesellen.
Der Herr hatte schon neunundneunzig Engel geschaffen. Nur noch einer, dann wäre er fertig, dachte er zufrieden. Aber als er sich ein letztes Wolkenstück nehmen wollte, bemerkte er, dass von der Wolke fast gar nichts mehr übrig geblieben war.

»Nun ja«, sagte sich der Herr, »dann mache ich ihn eben ganz klein und er wird mir für unbedeutendere Anlässe nützlich sein.«

So nahm er den kleinen Wolkenbausch, der noch übrig war, und machte im Handumdrehen einen kleinen Engel. Danach griff er nach einem Stern und setzte ihn auf den Kopf des Engels. Der Stern war so schwer, dass der kleine Engel nicht aufrecht stehen konnte. Der Herr probierte einen leichteren und dann noch einen. Doch da war nichts zu machen: Sobald der Engel mit den Flügeln schlug, drückte ihn das Gewicht des Sterns nach unten, Richtung Erde, wie einen Meteoriten.

Der Herr seufzte erneut. Jetzt war er wirklich sehr müde, wollte sich nur noch ausruhen. Er betrachtete den kleinen Engel ohne Licht und sagte in Gedanken versunken:

»Da gibt es nur eines. Du wirst auf die Erde, zur Krippe, gehen.«

›Was ist das, eine Krippe?‹, dachte der kleine Engel. Er getraute sich nicht nachzufragen und setzte sich in eine Ecke, um geduldig abzuwarten, dass es ihm jemand erklärte.

Währenddessen saß der Herr auf den Wolken und betrachtete wohlgefällig die beiden Engelsscharen, die den ersten Regenbogen am Himmel zeichneten: einen Bogen aus Feuer und einen aus Silber.

Die Jahre vergingen und die Cherubim und Seraphim flo-

gen zwischen Himmel und Erde hin und her, sie waren immerzu beschäftigt. Der kleine Engel in seinem Winkel wartete weiterhin darauf, dass ihm jemand seine Frage beantwortete. Manchmal schlief er, manchmal spielte er. Nur langweilen, nein langweilen tat er sich nie.
Bis dann die Nacht kam, die wie alle anderen Nächte schien, aber eine ganz besondere war. Im Himmel bereitete sich etwas vor, die Engelsscharen funkelten heller als gewöhnlich und außerdem war da ein großer Komet, der aus dem Nichts aufgetaucht war und sich langsam vorwärts bewegte. Eine eigenartige Heiterkeit lag über alledem. Auch der Herr auf den Wolken lächelte und der kleine Engel freute sich darüber. Dann blieb der Komet an einem bestimmten Punkt am Himmel stehen und rührte sich nicht mehr von der Stelle. Die Cherubim und die Seraphim umkreisten die Erde und zogen helle Lichtstreifen hinter sich her. Nur der kleine Engel blieb alleine in seiner etwas dunklen Ecke und wartete geduldig, dass ihm jemand eine Antwort auf seine Frage gab.
Und endlich sagte der Herr zu ihm:
»Die Krippe ist dort unter dem Stern. Mach dich auf den Weg!«
Der kleine Engel fragte nicht, schlug mit den Flügeln und stürzte nach unten. Es war das erste Mal, dass er flog, und er geriet etwas außer Atem. Aber er fand den Weg nicht. Auf der Erde war es überall dunkel, der Komet war weit

weg und er war ein Engel ohne Licht. Außerdem wusste er nicht, wonach er suchen sollte. Er flog dahin und dorthin, in der Ferne sah er die Flammen der Cherubim und das Leuchten der Seraphim, aber er wusste, dass er nicht dorthin fliegen sollte.

Schließlich hörte er ein Weinen. Zuerst ganz leise, dann immer lauter und beharrlicher. Das Weinen schien die ganze Nacht auszufüllen. Der kleine Engel machte sich auf die Suche und kam zu einer ärmlichen Hütte: Darin lag das weinende Kind. Eine Frau und ein alter Mann schauten das Kind an. Das Kind weinte und sie wussten nicht, was sie tun sollten, um es zu beruhigen. Der kleine Engel dachte, dass das Kind wegen der Kälte weinte. Er löste einen seiner Flügel und deckte es damit zu. Sofort war das Kind still und schlief ein.

Draußen flogen die Cherubim und die Seraphim durch die Luft und hinterließen glänzende Lichtstreifen. Der kleine Engel ohne Flügel aber fragte sich, wie er jetzt die Krippe finden sollte, und der Herr, oben auf der Wolke, lächelte.